Dieses Lesehelden-Buch gehört

....

....

Text von Deborah Chancellor
Illustrationen von Eva Musynski

Lektor der Reihe: Deborah Smith
Pädagogische Beratung: Monica Hughes
und Anny Northcote, Bath Spa University

Parragon Books Ltd
Queen Street House
4 Queen Street
Bath BA1 1HE, UK
Bitte bewahren Sie die Informationen in diesem Buch auch zur späteren Ansicht auf.
Übersetzung: Gisa Roudil d'Ajoux Hillebrand, Köln
Satz und Redaktion: trans texas publishing, Köln

ISBN 978-1-4075-2550-1
Printed in China

LESEHELDEN

Alle an Bord!

Parragon

Bath · New York · Singapore · Hong Kong · Cologne · Delhi · Melbourne

Das Kind beim Lesen unterstützen

Lesehelden heißt diese von Pädagogen entwickelte Kinderbuchreihe. Es gibt vier Lesestufen; **Stufe 3** ist für geübte Leser.

Jedes Buch der **Stufe 3** umfasst sechs Geschichten, die durch die Figuren, das Umfeld und das Thema miteinander verbunden sind. Am Ende des Buchs werden Fragen zu den Geschichten gestellt und Schlüsselwörter wiederholt.

Stellen Sie sicher, dass Ihr Kind einen ruhigen und gemütlichen Ort zum Lesen hat. Auch wenn Ihr Kind allein liest, sollten Sie mit ihm über die Geschichten sprechen. Und vor allem: Sparen Sie nicht mit Lob!

★ Lesen Sie die Geschichten gemeinsam mit dem Kind und lassen Sie es nach Möglichkeit einige Abschnitte selbst lesen.

★ Helfen Sie bei unbekannten Wörtern, indem Sie das Kind dazu ermutigen, sich die Bedeutung aus dem Satzzusammenhang zu erschließen.

★ Ermuntern sie das Kind, auch leise für sich selbst zu lesen.

★ Sprechen Sie mit dem Kind über seine Lieblingsgeschichte und vergleichen Sie sie mit anderen Geschichten aus dem Buch.

Inhalt

Tim
Lilli
ihre Mutter
ihr Vater

Eierdiebe

Lilli und Tim leben in einem Naturreservat auf der Sonntagsinsel. Sie haben viel Spaß und erleben einige aufregende Abenteuer.

„Wollt ihr mit mir kommen und die Tölpel beobachten?“, fragt ihre Mutter sie eines Tages.

„Oh ja, gerne!“, antworten Lilli und Tim.

Tölpel sind seltene Seevögel. Sie leben auf dem Schwarzen Felsen, einer rauen, kleinen Insel in der Nähe.

„Hoffentlich sind schon ein paar Eier ausgebrütet“, sagt Lilli auf der Überfahrt. „Ich möchte sooo gerne die Küken sehen!“

Nachdem sie angelegt haben, laufen Tim und Lilli auf die andere Seite der Insel.

Plötzlich packt Tim Lilli am Arm. „Sieh mal, die Männer da drüben!“, sagt Tim und zeigt in eine Richtung.

Lilli sieht hinüber. „Oh nein! Sie stehlen die Eier der Tölpel!“, keucht sie.

„Wir müssen unbedingt etwas unternehmen“, sagt Tim.

Tim rennt zum Strand. „Wenn wir ihr Boot losbinden, können sie nicht entkommen. Machen wir schnell, Lilli!“, ruft er.

Lilli und Tim laufen, so schnell sie können.

Sie finden das Boot der Diebe. Es ist an einem Felsen festgebunden.

Lilli und Tim lösen den Knoten und sehen zu, wie das Boot davontreibt. Dann gehen sie zu ihrer Mutter, um ihr zu erzählen, was passiert ist.

„Gut gemacht“, sagt sie, als sie die Geschichte hört. Sie ruft die Küstenwache und berichtet von den beiden Dieben.

„Wir sind gleich da“, ist die Antwort. „Überlassen Sie uns die Diebe.“

Die Diebe suchen gerade ihr Boot, als das Schiff der Küstenwache ankommt.

„Ich glaube, Sie kommen jetzt besser mit mir“, sagt der Mann von der Küstenwache streng und nimmt die Eier an sich.

Als die Tölpel sehen, dass die Männer abgeführt werden, fangen sie laut an zu kreischen.

„Ich glaube, sie freuen sich, dass die Männer weg sind!“, ruft Lilli.

„Oder vielleicht bedanken sie sich auch einfach nur bei euch!“, lächelt ihre Mutter.

Mann über Bord!

Tim und Lilli sind mit ihrem Vater auf das Festland gefahren, um Besorgungen zu machen. Nun fahren sie mit der Fähre auf die Sonntagsinsel zurück.

Tim und Lilli wollen sich allein auf dem Schiff umsehen.

„Passt aber auf“, ruft ihnen ihr Vater zu.

„Machen wir“, versprechen sie.

Sie steigen an Deck und halten nach Delfinen Ausschau.

„Guck mal Tim, der kleine Junge da“, sagt Lilli und schnappt nach Luft.

Ein kleiner Junge sitzt auf der Reling.

Plötzlich kommt eine große Welle und das Boot legt sich leicht zur Seite. Der Junge rutscht ab und fällt ins Wasser.

Lilli und Tim stürzen zur Reling.

„Hilfe!“, schreit der Junge und rudert heftig mit den Armen. „Mann über Bord!“, ruft Tim und sagt zu Lilli: „Ich werfe ihm den Rettungsring zu. Geh du zum Kapitän, damit er die Fähre stoppt.“

Lilli rennt zum Kapitän und ruft Hilfe. Tim nimmt den Rettungsring und schleudert ihn zu dem Jungen hinunter ins Wasser. Der Junge streckt die Arme aus und greift ihn sich hastig.

„Halt durch!“, ruft Tim ihm zu. „Lilli holt Hilfe. Wir holen dich da heraus.“

Tim weiß, wie wichtig es ist, dass der Junge die Ruhe bewahrt.

Die Fähre kommt zum Stillstand. Tim ist erleichtert. Gute Arbeit, Lilli!

Der Kapitän kommt mit Lilli, ihrem Vater und den Eltern des Jungen herbeigerannt.

„Ich lasse das Rettungsboot zu Wasser“, sagt der Kapitän.

Der Vater von Lilli und Tim bietet an, das Rettungsboot zu rudern.

„Sei vorsichtig, Papa!“, ruft Lilli ängstlich.
„Die Wellen sind riesig!“

Der Vater rudert hinaus zu dem Jungen und zieht ihn in das Rettungsboot.

Kurz darauf ist der Junge an Bord, eingewickelt in eine warme Decke.

„Vielen Dank, dass ihr mich gerettet habt“, sagt der Junge zu Lilli und Tim. „Ich setze mich auch ganz bestimmt nie mehr auf die Reling!“

Rettung am Strand

Tim und Lilli machen sich Sorgen. Sie haben nämlich ihren Lieblingsdelfin, Pfeifer, schon eine ganze Weile nicht mehr gesehen.

„Delfine schwimmen manchmal weit in die offene See hinaus“, erklärt die Mutter ihnen. „Pfeifer kommt sicher bald wieder.“

Aber auch in den nächsten Tagen hören sie nichts von Pfeifer.

„Und was, wenn ihm etwas zugestoßen ist?“, fragt Lilli.

„Können wir nicht hinausfahren und ihn suchen, Papa?“, fragt Tim.

„Na gut“, stimmt der Vater zu. „Aber ich bin sicher, dass es ihm gut geht.“

Alle drei fahren hinaus aufs Meer.

Nach einer Weile sehen sie in einiger Entfernung Delfine. „Wir sehen nach, ob Pfeifer auch dabei ist“, sagt der Vater. Aber Pfeifer ist nirgends zu sehen.

Nun sind Lilli und Tim erst recht besorgt.

Wo steckt Pfeifer denn nur?

Zu ihrer Überraschung beginnen die Delfine, das Boot zu umkreisen. Sie schwimmen ein Stück voraus und kommen dann wieder zurück.

„Ich glaube sie wollen, dass wir ihnen folgen, Papa!“, meint Tim.

„Das kann schon sein!“, nickt der Vater.

Die Delfine führen sie zu einer Insel, die nicht weit entfernt liegt. Als sie näherkommen, sieht Lilli einen weiteren Delfin am Strand liegen. „Das ist Pfeifer!“, ruft sie. „Er muss verletzt sein!“

Ihr Vater legt an und macht das Boot fest. Dann laufen sie zu Pfeifer hinüber.

„Was ist mit ihm passiert?“, fragt Tim.

Er wird wohl zu nahe an die Insel geschwommen sein und ist gestrandet, als das Wasser bei Ebbe zurückging“, erklärt der Vater. „Wenn wir ihn nicht bald wieder ins Wasser bringen, wird er sterben“, fügt er leise hinzu.

„Oh, nein!“, rufen Lilli und Tim.

Der Vater nimmt sein Handy und ruft die Delfinrettungsstation an. Er teilt den Rettern Pfeifers Lage mit. Dann wendet er sich an Lilli und Tim.

„Wir müssen Pfeifer feucht halten, bis die Retter hier sind“, sagt er.

Sie holen Eimer aus dem Boot, füllen sie mit Wasser und übergießen Pfeifer damit.

Schließlich kommen die Delfinretter und bringen Pfeifer zurück ins Meer.

Der Delfin schwimmt davon, springt kurz darauf fröhlich in die Luft und verabschiedet sich lauthals.

„Er bedankt sich bei euch!“, lacht der Vater.

Gestrandet

Lilli und Tim begleiten ihren Vater, der nach den Robbenjungen beim Schwarzen Felsen sehen muss.

„Die sind so niedlich“, sagt Lilli lächelnd.

„Außerdem sind sie alle fit und gesund“, freut sich ihr Vater.

Nachdem sie wieder ins Boot gestiegen sind, machen sich auf den Heimweg. Da bemerkt Tim Wasser zu seinen Füßen. „Papa! Das Boot hat ein Leck!“, ruft er.

Lilli blickt sich um. „Das Wasser strömt unheimlich schnell herein!“, sagt sie.

Der Vater geht rasch einen Eimer holen. „Wir müssen versuchen, das Wasser abzuschöpfen“, sagt er. „Ich steuere wieder zum Schwarzen Felsen zurück.“

Doch das Wasser dringt zu schnell ein. Bald steht es Lilli schon bis zu den Knien.

„Wir gehen unter!“, ruft sie ängstlich.

„Keine Panik. Seht doch, wir sind fast da“, antwortet der Vater und zeigt auf die Insel. „Wir schwimmen bis zum Ufer.“

Mit ihren Schwimmwesten springen sie über Bord und schwimmen zur Insel.

„Ich rufe Hilfe“, sagt der Vater, als sie angekommen sind. Aber sein Handy ist verschwunden. „Oh nein! Es muss mir aus der Tasche gefallen sein“, stöhnt er.

Lilli und Tim sind nass und frieren. Sie fühlen sich elend und wollen nach Hause!

„Keine Sorge, Mama wird uns schon bald vermissen“, verspricht ihnen der Vater.

„Aber woher soll sie wissen, wo sie uns suchen soll?“, fragt Lilli.

Der Vater denkt nach. Dann beschließt er: „Lasst uns ein Feuer anzünden. Wenn Mama den Rauch sieht, wird sie nachsehen, was hier los ist.“

Sie sammeln ein paar trockene Zweige und Äste, und der Vater reibt zwei Zweige aneinander, um das Feuer zu entfachen.

Alle drei versammeln sich um das Feuer, um sich zu wärmen.

Kurz darauf erspäht Lilli ein Motorboot, das auf sie zukommt. Es ist die Küstenwache.

Dann hören sie über den Lautsprecher des Bootes eine bekannte Stimme.

„Braucht ihr Hilfe?“, fragt sie.

„Hurra“, jubelt Tim.

„Wir werden bald wieder zu Hause sein“, ruft der Vater.

Das Unwetter

Eines Nachts wachen Lilli und Tim von einem schweren Unwetter auf. Es donnert und blitzt.

„Ich kann nicht schlafen“, seufzt Tim und beobachtet das Gewitter.

„Ich auch nicht“, sagt Lilli.

Sie gehen nach unten. Ihre Eltern sind in der Küche.

„Wir sind wach geworden“, sagt Tim.

„Der Sturm ist aber auch wirklich schlimm“, meint die Mutter.

Plötzlich gehen die Lichter aus.

„Der Strom ist weg!“, ruft Lilli.

Der Vater holt ein paar Öllampen.

Sie setzen sich, trinken heißen Kakao und lauschen dem Sturm. Da klingelt das Telefon ihres Vaters. Während des Gesprächs sieht er sehr besorgt aus.

„Ein Blitz hat den Leuchtturm getroffen. Jetzt funktioniert er nicht mehr.“

Der Vater erzählt ihnen, dass ein Schiff versucht, in den Hafen zu gelangen. „Ohne die Scheinwerfer vom Leuchtturm wird es das nicht schaffen“, sagt er. „Wir müssen unsere Suchscheinwerfer nehmen und es in den Hafen lotsen.“

Sie machen sich mit ihren Scheinwerfern zum stockfinsteren Hafen auf.

„Zuerst müssen wir das Boot finden“, sagt der Vater. Er leuchtet mit seinem großen Scheinwerfer aufs Meer. „Da ist es!“, ruft er und zeigt auf das Schiff.

„Oh nein!“ ruft die Mutter. „Es sieht aus, als steuere es genau auf die Felsen zu!“

Sie leuchten mit ihren Scheinwerfern, um das Schiff in den Hafen zu lotsen. Aber es ändert seine Richtung nicht.

„Es fährt immer noch auf die Felsen zu!“, ruft Tim.

Gespannt beobachten sie das Schiff. Wird es ihre Scheinwerfer noch rechtzeitig wahrnehmen? Das Schiff kommt immer näher an die Felsen heran. Der Vater sieht sehr besorgt aus.

Doch dann, ganz langsam, wendet das Schiff.

„Es muss uns gesehen haben!“, ruft Lilli aufgeregt.

Das Schiff folgt nun dem Licht und gelangt sicher in den Hafen.

Der Kapitän verlässt das Schiff und kommt sofort zu ihnen. „Vielen, vielen Dank“, sagt er. „Ich weiß nicht, was passiert wäre, wenn Sie nicht da gewesen wären.“

„Das haben wir doch gerne getan!“, meint Lilli stolz.

Vom Kurs abgekommen

„Ich fahre hinaus, um Fotos von den Riesenhaien zu machen“, sagt die Mutter eines Morgens. „Wollt ihr mitkommen?“

„Ja, gerne!“, rufen Lilli und Tim wie aus einem Munde und grinsen.

Die Mutter holt ihren Fotoapparat, dann steigen sie ins Boot und fahren los.

Tim entdeckt die Riesenhaie als Erster. „Da sind sie!“, ruft er und zeigt ins Wasser.

„Guck mal, der da. Er springt hoch!“, schreit Lilli aufgeregt.

Tim und Lilli beobachten gerne Haie.

Ihre Mutter macht viele Fotos. „Ich kann gar nicht erwarten, die Fotos auszudrucken“, sagt sie freudig.

Die Mutter war so sehr damit beschäftigt, den Haien zu folgen, dass sie weit aufs Meer hinausgefahren ist.

„Keine Sorge, ich finde den Rückweg schon“, versichert sie Lilli und Tim.

Doch dann wird es neblig. Der Nebel ist so dicht, dass man kaum die Hand vor Augen sehen kann.

„Oje, ich glaube, wir sind vom Kurs abgekommen“, seufzt die Mutter.

Plötzlich springen dunkle Gestalten neben dem Boot aus dem Wasser empor, die laute Pfiffe ausstoßen.

„Delfine“, sagt Mama.

Die Delfine umkreisen das Boot.

„Was wollen sie?“, fragt Tim.

„Ich glaube, sie wollen uns den Weg zeigen“, antwortet die Mutter.

Dann hören sie ein Quieken.

„Pfeifer“, ruft Lilli.

Pfeifer bleibt sehr dicht beim Boot. Die Mutter folgt ihm und den anderen Delfinen durch den Nebel, bis der Steg des Naturreservats in Sicht ist.

„Ich glaube, Pfeifer und seine Freunde haben uns nach Hause begleitet, weil wir ihm auch schon einmal geholfen haben“, meint Tim, als er aus dem Boot klettert.

„Ja, ich denke, da hast du recht“, pflichtet die Mutter ihm bei.

„Du bist einfach großartig, Pfeifer!“, jauchzt Tim.

Alle drei winken zum Abschied, als die Delfine sich pfeifend und springend vom Strand entfernen.

Was hast Du gelernt?

Kurzes Quiz

Prüf, wie gut Du die Geschichten verstanden hast!

★ **Eierdiebe**
Wie heißt die Insel, auf der Lilli und Tim leben?

★ **Mann über Bord!**
Was wirft Tim dem Jungen im Wasser zu?

★ **Rettung am Strand**
Wie heißt Lillis und Tims Lieblingsdelfin?

★ **Gestrandet**
Nach welchen Tieren will Lillis und Tims Vater beim Schwarzen Felsen sehen?

★ **Das Unwetter**
Was trinken Lilli und Tim bei Laternenlicht?

★ **Vom Kurs abgekommen**
Was fotografiert Lillis und Tims Mutter?

Buchstabensalat

Kannst Du den Buchstabensalat aus den Geschichten entwirren? Die nachstehenden kleinen Bilder und Definitionen helfen Dir dabei.

NSLIE HÄRFE NDLFIE

OAPRATFOPTA UCHTREULTM

ein Schiff, das Menschen und Autos von einem Ort zum anderen transportiert

ein völlig von Wasser umgebenes Stück Land

ein Gebäude, das einen hellen Lichtstrahl aussendet, um Schiffe vor Gefahren im Wasser zu warnen

ein freundliches Meeressäugetier

ein Gegenstand, mit dem man Bilder macht

Wörtersuche

Alle diese Wörter kommen in den Geschichten vor.
Such sie in dem nachstehenden Rätsel.

FELSEN
SCHIFF
FREUND
RELING
SORGEN
NEBLIG
EIMER
STURM

D	F	S	T	U	R	M	E
O	T	O	E	R	R	E	I
R	F	R	E	U	N	D	M
E	E	G	H	G	E	L	E
L	L	E	J	H	B	S	R
I	S	N	N	T	L	F	D
N	E	S	C	H	I	F	F
G	N	T	O	P	G	E	D

Nun prüf, ob Du sie alle buchstabieren kannst.

Weitere Bücher in dieser Reihe

★ Stufe 1 – Erstes Selberlesen
Die lustige Baustelle
Die kleinen Wetterfeen
Spaß auf dem Weidenhof
Katis Tierhandlung
Die fröhliche Tierschule

★ Stufe 2 – Leseanfänger
Abenteuer im Urlaub
Retter in der Not
Die Zauberhüte
Ballettschule Sternenlicht
Die Kinder von der Nussbaumschule

★ Stufe 3 – Geübte Leser
Mondkolonie Eins
Die Pyjamaparty
Die Spürnasen
Fleißige Helfer
Alle an Bord!

★ Stufe 4 – Lesehelden
Meine Mama ist eine Geheimagentin
Club der Törtchen
Einmal um die Welt
Leons Abenteuerreise
Wir gewinnen die Meisterschaft